48006CB00004BA/1174

واحة الحكايات للنشر والتوزيع
دبي- واحة دبي للسيليكون
الإمارات العربية المتحدة
Wahat Alhekayat Publishing
and Distribution - UAE
Dubai +97143336366
+971504599804
+971558236687
info@wahatalhekayat.com
www.wahatalhekayat.com
www.wahatalhekayat.academy
سلسلة لكل حرف حكاية
قصة: أين الكرة
تأليف: صفاء عزمي
رسوم: زينة المسيري
ISBN 9789948235040
حقوق الطبع محفوظة
الطبعة الثانية عام 2023

# أَيْنَ الْكُرَةُ

تأليف: صفاء عزمي

رسوم: زينة المسيري

كَريمٌ رَكَلَ الكُرَةَ...
الكُرَةُ طارَتْ إلى
مَكانٍ بَعيدٍ...

5

رُبَّـما وقَعَتْ في البَحْرِ...
هَيَا نَبْحَثُ قُرْبَ البَحْرِ...

7

الكُرَةُ وصَلَتْ إلى البَحْرِ ...
ورَكَلَها كَلْبُ البَحْرِ...
فَطارَتْ إلى مَكانٍ بَعيدٍ...

الكُرَةُ وصَلَتْ إلى التَّلَّةِ...
ورَكْلَها كَلْبٌ فَوْقَ التَّلَّةِ...
فطارَتْ إلى مَكانٍ بَعيدٍ...

11

الكُرَةُ وصَلَتْ إلى الوادي...
رَكَلَها كُنْغرٌ في الوادي...
فَطارَتْ إلى مَكانٍ بَعيدٍ...

كَرِيمٌ قَفَزَ وهُوَ سَعِيدٌ:
كُرَتي عادَتْ... كُرَتي دَخَلَتْ
في المَرْمى...
أنا سَعيدٌ... أنا سَعيدٌ...
هَيّا نَلْعَبْ مِنْ جَديد.

15

نِقاشٌ: ما هِيَ الرِّياضَةُ الَّتي تُحِبُّ أَنْ تَمارِسَها؟

تَفْكيرٌ: هَلْ سَيُصْبِحُ الأَوْلادُ والحَيَواناتُ في القِصَّةِ أَصْدِقاءَ؟

تَأَمُّلٌ: أُقَلِّبُ الصَّفَحاتِ، وأُشيرُ وأَذْكُرُ اسْمَ الحَيَوانِ الَّذي رَكَلَ الكُرَةَ بِرَأْسِه.

اِقْتِراحٌ: أَقْتَرِحُ إضافَةً إِلَى القِصَّةِ... أُضيفُ حَيَوانًا جَديدًا إلى القِصَّةِ، يُساعِدُ
في رَكْلِ الكُرَةِ.


وَصْفٌ: أَبْحَثُ عَنْ كُرَةٍ تُعْجِبُني، وأُعَبِّرُ عَنْها بِعِدَّةِ كَلِماتٍ...
مِثالٌ: كُرَةُ الماءِ كَبيرَةٌ، مُسْتَديرَةٌ، حَمْراءُ...

أفْكارٌ لِلْأُسْرَةِ والمُعَلِّمِ

- في الصَّفْحَةِ المُقابِلَةِ، نَجِدُ مَجْموعَةً مِنَ الأفْكارِ الَّتي تُساعِدُ عَلَى تَنْمِيةِ مَهاراتٍ أساسِيَّةٍ لَدَى الطِّفْلِ، مِثلَ: القُدْرَةِ عَلَى النِّقاشِ والتَّفْكيرِ التَّحْليلي النَّاقِدِ، وقُوَّةِ الـمُلاحَظَةِ، والتَّواصُلِ، والإبْداعِ.
- يُمْكِنُ أَنْ نَأْخُذَ بِهَذِهِ الأفْكارِ، جَميعِها أَوْ بَعْضِها.
- يُمْكِنُ أَنْ نُكَرِّرَ قِراءَةَ القِصَّةِ، وفي كُلِّ مَرَّةٍ نَخْتارُ بَعْضَ الأفْكارِ لِنُناقِشَها.
- إذا أَحَسَّ الطِّفْلُ بالنُّعاسِ أثْناءَ القِصَّةِ، مِنَ الأفْضَلِ أَنْ نَتَوَقَّفَ ونُكْمِلَ القِصَّةَ لاحِقًا.
- في بَعْضِ الأحْيانِ يُجيبُ الطِّفْلُ عَلَى النِّقاشِ بِـ«نَعَمْ» أَوْ «لا»، أَوْ بِكَلِمَةٍ واحِدَةٍ. في هَـذِهِ الحالَةِ أُعْطي الطِّفْلَ بَعْضَ الوَقْتِ؛ كَيْ يَبْحَثَ عَنْ جُمْلَةٍ أَوْ فِكْرَةٍ، ويُمْكِنُ أَنْ أُحَفِّزَهُ عَلَى الاسْتِمْرارِ في الحَديثِ بِكَلِماتٍ مِثْلَ: أَحْسَنْتَ، رُبَّما، لِماذا؟ كَيْفَ؟ أَيْنَ؟ هَلْ تُحِبُّ؟ هَلْ تَعْتَقِدُ؟
- الهَدَفُ مِنْ هَذِهِ القِصَصِ لَيْسَ فَقَطِ الاسْتِمْتاعَ بالقِراءَةِ، وتَعَلُّمَ الحُروفِ، ولَكِنَّهُ أَيْضًا رَبْطُ أحْداثِ القِصَّةِ والشَّخْصِيَّاتِ والأماكِنِ بِعالَمِ الطِّفْلِ، وتَنْمِيَةُ هِواياتِهِ وقُدْرَتِهِ عَلَى التَّعْبيرِ.